# IL PRINCIPIO DI PARETO PER LA GESTIONE AZIENDALE

## INFORMAZIONI CHIAVE

- **Nomi:** principio di Pareto, regola di Pareto, legge di Pareto, regola dell'80/20, legge dei pochi vitali.

- **Utilizzi:**

  - Economia: gestione aziendale, gestione della qualità, gestione dei clienti, gestione della produzione, controllo delle scorte, risorse umane, ecc.

  - Fisica, sociologia e statistica.

  - Sfera privata: gestione del tempo, organizzazione dei compiti, ecc.

- **Perché ha successo?** Secondo il principio di Pareto, "l'80% degli effetti è il prodotto del 20% delle cause". Questo rapporto consente di identificare rapidamente la parte essenziale di qualsiasi attività. Il modello si ritrova in molti ambiti della vita quotidiana e nel mondo degli affari: ad esempio, quando un'azienda vuole identificare i clienti che generano maggiori entrate. Se si considera il rapporto 80/20, l'azienda può concentrarsi sul 20% dei clienti che generano l'80% del fatturato per cercare di fidelizzarli.

- **Parole chiave:** Vilfredo Pareto, principio di Pareto, regola dell'80/20, analisi ABC, fatturato, Joseph Juran, gestione del tempo, relazioni con i clienti, marketing relazionale, CRM, diagramma di Pareto, teoria della coda lunga, efficienza di Pareto.

# INTRODUZIONE

## La storia

Il principio di Pareto è uno strumento di analisi e di decisione creato da Vilfredo Pareto (1848-1923) alla fine del XIX secolo (per la precisione nel 1897). L'economista e sociologo italiano, che studiò al Politecnico di Torino, è considerato il padre fondatore di quello che oggi è noto come Principio di Pareto. Studiando la ricchezza del suo Paese, scoprì che solo il 20% delle persone possedeva l'80% della ricchezza totale. Applicò poi questa legge ad altri stati come la Russia, la Francia e la Svizzera e trovò gli stessi risultati.

Tuttavia, solo negli anni '40 Joseph Juran (1904-2008), un ingegnere americano che si occupava di gestione della qualità, riconobbe la teoria 80/20 e la attribuì a Vilfredo Pareto.

## Definizione del modello

Il principio di Pareto deriva dall'osservazione che il 20% delle cause è responsabile dell'80% degli effetti. In altre parole, nel mondo degli affari, il 20% dei clienti genera l'80% del fatturato. Identificando questo 20% (i clienti più importanti) le aziende possono prestare loro maggiore attenzione per risparmiare tempo e denaro.

Secondo Joseph Juran, il principio di Pareto può essere applicato universalmente a livello aziendale e si ritrova in tutti i settori della società. È possibile utilizzarlo anche nella maggior parte degli ambiti della vita quotidiana. Tuttavia, vedremo che, sia negli affari che in altri settori, il rapporto 80/20 non è sempre rispettato, ma dà un'idea della realtà.

# IL PRINCIPIO DI PARETO PER LA GESTIONEAZIENDALE

Espandere la propria attività con la regola dell'80/20

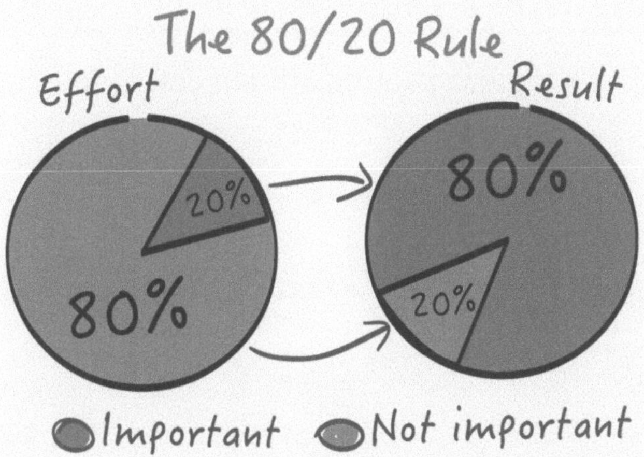


50MINUTES.com

# IL PRINCIPIO DI PARETO PER LA GESTIONEAZIENDALE

Espandere la propria attività con la regola dell'80/20

scritto da Antoine Delers
tradotto par Sara Rossi

50MINUTES.com

# TEORIA

## CONTESTO INIZIALE

Negli anni '40, Joseph Juran osservò che una minoranza di difetti causava la maggior parte dei problemi nella linea di produzione. Riconoscendo subito il rapporto 80/20 (l'80% dei problemi è causato dal 20% dei difetti), attribuì questa teoria a Vilfredo Pareto all'inizio del XX secolo. Joseph Juran, durante le sue ricerche sulla gestione della qualità, dimostrò che le cause possono essere separate in due gruppi: quelle vitali (in questo caso, il 20% dei difetti) e quelle secondarie, che rappresentano il restante 80%. Isolando i difetti più problematici (quelli che causano l'80% dei problemi) Joseph Juran poté concentrarsi ulteriormente su di essi e ridurre in modo significativo le problematiche della linea di produzione.

 **BUONO A SAPERSI**

Il principio di Joseph Juran si chiamava originariamente "pochi vitali e molti banali". Nonostante il notevole contributo dell'economista, il concetto è generalmente ricordato come "principio di Pareto", probabilmente perché di più facile utilizzo.

# APPLICAZIONI NEL MONDO DEGLI AFFARI

Oggi, il principio di Pareto trova molte applicazioni negli affari e nei settori della gestione personale e della ricerca dell'efficienza. Le applicazioni nel business riguardano soprattutto la gestione dei clienti e delle risorse umane. Ad esempio, il 20% dei dipendenti produce l'80% del lavoro. Ma viene utilizzato anche nelle strategie aziendali, sapendo che il 20% dei prodotti genera l'80% dei profitti. In questo elaborato discuteremo in modo approfondito l'applicazione di questo principio al settore aziendale. I punti che seguono presentano i molteplici usi in modo chiaro e sintetico per aiutarvi a comprendere il principio di Pareto.

## Il principio di Pareto come strumento di marketing relazionale

Come abbiamo già detto, una delle applicazioni più importanti del principio di Pareto è la gestione dei clienti di un'azienda. Molti studi dimostrano che il 20% dei clienti è responsabile dell'80% delle vendite. Questi clienti sono i più importanti per l'impresa. È meglio renderli clienti fedeli per garantire la massima fidelizzazione, in particolare attraverso il marketing relazionale.

Un'altra applicazione del principio di Pareto è la gestione delle relazioni con i consumatori: il 20% dei clienti è all'origine dell'80% dei reclami. Se il 20% dei clienti utilizzato nell'esempio precedente corrisponde a questo 20%, l'azienda non avrà difficoltà a soddisfare le loro richieste, poiché si sta già concentrando sulla loro fidelizzazione. Purtroppo, non è quasi mai così: il 20% dei clienti importanti raramente coincide con il 20% responsabile dell'80% dei reclami. In questo caso, è più difficile per l'azienda identificare chiaramente ogni categoria di consumatori e assegnare loro la maggior parte dell'attenzione. L'impresa deve quindi decidere la sua priorità e scegliere tra la gestione dei ricavi e quella dei reclami (generare la soddisfazione dei clienti).

## Il principio di Pareto come strumento di controllo della qualità

Una seconda applicazione, utilizzata da Joseph Juran, è quella del controllo e della gestione della qualità in una linea di produzione. Se il 20% dei difetti causa l'80% dei problemi, l'azienda può concentrare i propri sforzi sulla risoluzione dei difetti in questione per migliorare la qualità. Sono valide anche altre applicazioni simili:

- Il 20% del tempo di configurazione della macchina può risolvere l'80% dei problemi;

- Il 20% della linea di produzione è responsabile dell'80% del prodotto finale.

## Altri usi del principio di Pareto

- Strumento di gestione personale: il 20% del lavoro produce l'80% dei risultati.

- Strumento di gestione del rischio: il 20% dei rischi causa l'80% delle conseguenze.

- Strumento di gestione logistica: il 20% dei prodotti genera l'80% dei costi di stoccaggio.

- Strumento di gestione delle scorte: il 20% del numero totale di prodotti rappresenta l'80% del valore totale dello stock.

- Strumento di gestione delle vendite: il 20% dei prodotti genera l'80% dei profitti, ecc.

# E SE LA REGOLA FOSSE USATA REGOLARMENTE?

Cosa succederebbe se il principio di Pareto fosse sempre utilizzato negli affari? Dovremmo avvicinarci il più possibile al rapporto 80/20 per sopravvivere?

Prendiamo l'esempio già studiato: un'azienda, dopo aver studiato la sua base clienti, scopre che solo il 10%

dei suoi clienti è responsabile del 90% del suo fatturato. Questa situazione è piuttosto preoccupante, poiché il capitale di clienti chiave è basso. Se l'azienda dovesse perderne solo alcuni, il suo fatturato diminuirebbe drasticamente. In questo caso, allontanarsi dalla regola dell'80/20 potrebbe essere fatale per l'impresa. Le soluzioni possibili sono due:

- O la società decide di occuparsi dei suoi clienti principali per fidelizzarli, ma questa soluzione semplicistica non risolve i suoi problemi, perché il suo futuro si basa completamente su questi clienti;

- Oppure, accanto alla prima opzione, essa sceglie di fidelizzare gli altri clienti per trovare un equilibrio migliore. A questo punto, è interessante pensare a come fidelizzare i clienti per tornare a un rapporto medio più sicuro.

Il secondo esempio dimostra che allontanarsi dalla norma non è necessariamente dannoso per l'azienda. Immaginiamo la stessa impresa che, dopo il suo studio, constata di non avere clienti principali e che il 30% dei suoi acquirenti più importanti genera il 70% del suo fatturato. Pur avvicinandosi alla regola dell'80/20 (ma non raggiungendo ancora l'equilibrio di Pareto), l'azienda è meno in difficoltà rispetto allo scenario precedente. Certo, l'attività è probabilmente dispersa, ma la perdita di alcuni clienti non inciderebbe sulla situazione come nel caso del rapporto 90/10 e non è motivo di preoccupazione. Tuttavia, potrebbe essere problematico in termini di costo per acquirente se il numero di consumatori è maggiore: i costi di gestione e comunicazione con i clienti sono infatti più elevati. In questo caso, il ripristino dell'equilibrio 80/20 porterebbe al successo futuro.

Adattare il principio di Pareto per raggiungere il rapporto 80/20 non è un obiettivo in sé. Tutto dipende dall'attività dell'azienda e dal suo settore. È probabile che un supermercato abbia molti piccoli clienti, come è normale per il settore, mentre un costruttore di aerei ha meno clienti, ma sono inevitabilmente più grandi. Pertanto, il settore influenza la proporzione utilizzata nel principio di Pareto, che non dovrebbe essere sempre 80/20.

 ## BUONO A SAPERSI

Esistono diversi tipi di comunicazione aziendale con i clienti. Il primo è il marketing di massa per tutti i consumatori, considerati "consumatori medi". Il secondo è il marketing one-to-one che si rivolge a ogni singolo cliente, offrendo prodotti personalizzati. Questo metodo di approccio al cliente è sicuramente più interessante, ma è anche il più costoso. Infine, esistono altri tipi di comunicazione intermedia, come il marketing differenziato, che si rivolge a un'ampia fetta di mercato, o il marketing concentrato, che si focalizza solo su una piccola nicchia di mercato.

# VANTAGGI DEL PRINCIPIO DI PARETO

I vantaggi dell'utilizzo del principio di Pareto sono innumerevoli. La maggior parte di essi è già stata menzionata nei capitoli precedenti. Un'azienda che conosce il suo rapporto di Pareto per ogni reparto può migliorare la sua efficacia, in particolare facendo quanto segue:

- **Gestire meglio i rischi.** Conoscendo i rischi più importanti e quelli più facili da correggere, un'azienda può concentrarsi sul proprio core business.

- **Conoscere meglio i propri clienti.** Un'azienda può impostare la propria strategia di comunicazione e rivolgersi ai consumatori più importanti. È necessario conoscere le caratteristiche del 20% dei clienti più importanti, tra cui la provenienza, il settore (nel caso dei professionisti) o l'età e il sesso (nel caso dei privati). In questo modo è possibile creare nuovi prospect che corrispondano alle caratteristiche. I consumatori target sono simili ai migliori clienti; l'azienda ha maggiori possibilità di portarli dalla fase di prospect a quella di cliente.

- **Limitare i costi.** In una linea di produzione, sapere quali sono i punti che consumano più energia, ma che hanno una resa minore può consentire all'azienda di adattare, rimuovere o modificare gli elementi più costosi.

- **Limitare le perdite di tempo.** Sapendo quali sono le attività più produttive, il manager può concentrarsi su di esse per migliorarne le prestazioni.

# LIMITAZIONI ED ESTENSIONI

## LIMITI E CRITICHE

Il principio di Pareto, nonostante il suo carattere universale, non è sempre vero per ogni settore e per ogni reparto. Abbiamo già visto un esempio di limite con i supermercati, un settore in cui è improbabile che il 20% dei clienti rappresenti l'80% delle vendite. Il modello deve essere adattato al settore e al reparto dell'azienda in questione. Possiamo evidenziare due critiche: in primo luogo, il rapporto 80/20 non è sempre rispettato nella realtà. Secondariamente, concentrarsi sul 20% non è sempre la soluzione migliore.

### Un modello inesatto

La prima critica al principio sottolinea che non è scientificamente accurato. Ottenere un rapporto 80/20 per ogni reparto di un'azienda è di fatto impossibile. Tuttavia, l'idea originale del modello non è contraddetta. Secondo la teoria di Joseph Juran, gli effetti dovrebbero essere separati in due gruppi. Il primo comprende gli effetti che sono poco numerosi, ma hanno conseguenze significative. Il secondo comprende gli effetti numerosi, ma con conseguenze limitate. Se questi gruppi non corrispondono esattamente al 20% e all'80%, si possono utilizzare rapporti di 10/90 o 5/95, che in alcune situazioni sono addirittura la norma.

## Un modello inefficiente

La seconda critica riguarda l'efficienza relativa del principio di Pareto. Se l'80% dei prodotti dell'azienda non viene venduto molto spesso, può comunque rappresentare un margine di vendita considerevole (ad esempio il 20%). Se i costi di stoccaggio di questi prodotti sono bassi, la società può permettersi di continuare a venderli, anche se attirano meno clienti. Vedremo nel prossimo punto che il principio di Pareto è legato a un altro importante principio chiamato teoria della coda lunga.

# MODELLI ED ESTENSIONI CORRELATE

## Il modello ABC

Il modello ABC è un miglioramento del principio di Pareto. Esso sostiene che, con il principio di Pareto, le categorie intermedie vengono ignorate ed è difficile valutarne l'importanza. Classificando gli effetti in tre categorie (A, B e C), un'azienda non trascura gli effetti meno importanti del 20% superiore e ne riconosce l'importanza in termini di conseguenze. Le tre classi possono essere così suddivise:

- Classe A: 20% di clienti che rappresentano l'80% delle vendite;

- Classe B: 30% dei clienti che rappresentano il 15% delle vendite;

- Classe C: 50% dei clienti che rappresentano il 5% delle vendite.

La classe B è rischiosa, in quanto l'investimento di tempo e denaro in questa categoria può rivelarsi o meno prezioso. Poiché questi fattori sono stati trascurati da Pareto, il modello ABC è più accurato e tiene conto delle categorie intermedie.

## La teoria della coda lunga

La teoria della coda lunga è legata al principio di Pareto e lo integra. Questo modello distribuisce i ricavi di un'azienda su tutti i suoi prodotti, compresi i beni specifici, che rappresentano una parte importante del fatturato e sono caratterizzati da:

- basse vendite di prodotti specifici;

- un numero elevato di prodotti speciali (spesso più dell'80% del totale dei prodotti).

Nel caso di una libreria, ad esempio, i prodotti specifici riguardano le opere pubblicate che vendono solo poche copie all'anno. Dati i costi e lo spazio necessario per il magazzino, è impossibile per una libreria offrire solo questi libri. Deve concentrarsi sui libri più venduti, come i bestseller, per raggiungere un equilibrio.

Il legame con il principio di Pareto è dato dal fatto che, in questo caso, solo una minoranza di articoli rappresenta la maggior parte delle vendite. Un'azienda tradizionale deve concentrarsi su questi prodotti. Tuttavia, i siti di e-commerce rappresentano un'eccezione.

Quando si segue il principio di Pareto, non ci si deve concentrare solo sul 20% più importante. La teoria della coda lunga nell'e-commerce consente di prendere in considerazione il restante 80%, poiché il costo aggiuntivo è minimo e il rendimento è elevato. Amazon è un esempio perfetto della teoria della coda lunga. Come sito di e-commerce, l'azienda può offrire un numero impressionante di pubblicazioni che prima erano difficili da trovare nei negozi. Sebbene questo caso tragga vantaggio dai dati disponibili su Internet, è comunque un esempio evidente dei limiti del principio di Pareto. Come si può notare, per alcune aziende può essere vantaggioso concentrarsi su più del 20% dei prodotti che generano il maggior numero di vendite.

# APPLICAZIONE PRATICA

In questo capitolo applicheremo quanto appreso finora. Inizieremo creando un grafico di Pareto, utile per identificare visivamente il 20% più importante. L'esempio riguarda un fornitore e i suoi clienti ed è volutamente semplicistico per renderlo di facile comprensione. Un caso di studio più completo si trova alla fine di questo capitolo.

## FORMATTAZIONE DI UNA TABELLA

Il primo passo è preparare una tabella. Siccome vogliamo trovare il 20% più importante, è consigliabile ordinare i dati in ordine decrescente per individuare immediatamente gli elementi di interesse.

Nella prima colonna, scrivere un elenco di fattori da osservare (ad esempio, un elenco di clienti). Nella seconda colonna, devono essere presenti le variabili corrispondenti (per esempio, la quantità di denaro spesa dai singoli clienti).

Quindi, dobbiamo calcolare la percentuale di ciascun oggetto (in questo caso, ciascun cliente) e la percentuale cumulativa. Questa disegnerà una linea di percentuali cumulative nel diagramma di Pareto. Sommando tutti i dati, emergerà la soglia dell'80%.

 **Buono a sapersi**

Non è sempre facile identificare questi clienti perché nel settore della vendita al dettaglio ci sono molti individui. Le aziende possono comunque sviluppare metodi per acquisire un database di clienti affidabili; l'utilizzo di una carta fedeltà ne è un ottimo esempio.

## CREAZIONE DEL GRAFICO

A questo punto è necessario tracciare il grafico (ad esempio, utilizzando Excel). Esso viene solitamente abbinato a un grafico a linee di una curva di valori che rappresenta l'ultima colonna della tabella. Questo approccio è facoltativo: è possibile discutere i risultati semplicemente da una tabella.

 **Buono a sapersi**

Per creare questo grafico con Excel, si consiglia di utilizzarne uno con due assi verticali (uno maggiore a sinistra e uno minore a destra) per mostrare i due tipi di dati richiesti. Se questo tipo di grafico non è disponibile, è necessario:

Tracciare l'istogramma con i dati grezzi delle vendite (seconda colonna) per posizionarli sull'asse principale a sinistra del grafico.

Quindi, tracciare le percentuali includendo quelle cumulative come una nuova serie nel grafico. Modificare il tipo di grafico solo per questi dati (ad esempio, scegliendo quello "linea con marcatori") e posizionarli sull'asse secondario (a destra).

Formattare il layout e aggiungere i titoli agli assi e al grafico. Infine, modificate i colori e aggiungete etichette di dati agli assi, come la visualizzazione delle percentuali cumulative sul grafico.

# IDENTIFICARE IL 20% PIÙ IMPORTANTE

Per il terzo passo, interpreteremo il grafico (e/o la tabella) per identificare il 20% più importante. Nel caso dei clienti, possiamo facilmente individuare le vendite totali generate da un particolare cliente. Il risultato non corrisponde necessariamente alla regola dell'80/20, ma è importante conoscere i fattori che influenzano ciascuna delle aree studiate.

## Osservazioni iniziali

- Circa il 20% dei clienti (A, B, C e D) genera il 76% del fatturato (un rapporto vicino all'80/20 di Pareto).

- La maggior parte dell'attenzione del venditore dovrebbe essere dedicata alla fidelizzazione di questi importanti clienti.

- Il metodo ABC non trascura i fattori intermedi che, in questo caso, costituiscono quasi il 20% del fatturato.

# INTERVENIRE

## Corsi d'azione

La fase finale prevede l'adozione di misure basate sui risultati per migliorare il rendimento delle strategie aziendali. Si possono attuare diverse misure:

- correggere i problemi in fabbrica;
- premiare i dipendenti altamente produttivi;
- identificare le prospettive;
- fidelizzare i clienti, ecc.

La fidelizzazione dei consumatori può avvenire tramite pubblicità, promozioni personalizzate o altre strategie. Ad esempio, un'azienda potrebbe invitare i clienti a una fiera.

Per completare questo esempio, possiamo immaginare che il nostro venditore porta a porta, dopo aver identificato quattro clienti e aver attuato una strategia di fidelizzazione, decida di cercarne di nuovi potenziali per aumentare il proprio fatturato. Per raggiungere questo nuovo obiettivo, può utilizzare un particolare strumento chiamato "segmentazione RFM".

## SEGMENTAZIONE RFM: FREQUENZA E VALORE MONETARIO

La segmentazione RFM è un tipo di segmentazione descrittiva basata sul comportamento passato degli acquirenti e viene utilizzata per comprendere le prospettive future. Essa classifica i profili dei clienti in base a tre criteri:

La data di acquisto. Più è recente, più la classifica sarà alta.

La frequenza degli acquisti. Più frequentemente un cliente acquista, più alto sarà il suo ranking.

La quantità di acquisti. Più articoli il cliente acquista, più alto sarà il suo posto nella classifica (questo lo colloca immediatamente nella categoria più alta).

## Raccomandazioni

- Non ha senso utilizzare il principio di Pareto se non si vuole agire.

- Il metodo non è accurato, in quanto alcuni settori non dovrebbero necessariamente avere un rapporto di 80/20.

- Il principio di Pareto non può essere utilizzato in tutti i settori.

- Questo metodo non considera i valori intermedi.

- Come abbiamo visto con la teoria della coda lunga nel commercio online, i valori meno frequenti possono essere vantaggiosi in alcuni casi.

# CASO DI STUDIO: UNA LINEA DI PRODUZIONE

## Introduzione al problema

Il nostro caso di studio fittizio riguarda un'industria e la sua linea di produzione. In questa azienda, la linea produttiva subisce interruzioni ricorrenti durante l'anno. Insieme, esse portano a un totale di 1033 ore, pari a poco più di un mese di inattività. Per compensare la perdita di ore di lavoro, il manager, che ha notato che la dinamica non è logica, identifica una decina di cause comuni di interruzione della linea. Quindi stima un tempo medio di arresto (in ore) e fornisce un conteggio delle occorrenze per ciascuna causa. Utilizzando il principio di Pareto, spera di identificare i fattori principali che interrompono la linea di produzione.

## Formattazione della tabella e del grafico

- La prima colonna mostra i problemi identificati nello stabilimento. I dati tra parentesi rappresentano il numero di ore di inattività causate da ciascun problema.

- Nella seconda colonna è elencato il numero di occorrenze. In totale sono 230.

- La terza colonna mostra, in ordine decrescente, i risultati della moltiplicazione del numero di occorrenze per il numero di ore di inattività causate da ciascun arresto. Si ottiene così il numero totale di ore di inattività provocate da ogni problema. Questi dati verranno utilizzati per tracciare le barre sul diagramma di Pareto.

- La quarta colonna riporta la percentuale del totale delle ore di lavoro perse e l'ultima colonna mostra le percentuali cumulative.

## Identificare i fattori importanti

Il principio di Pareto funziona particolarmente bene in questo caso, perché una minoranza di fattori causa la maggior parte dei problemi. In particolare, quasi il 30% dei fattori provoca il 72% dei ritardi nella linea di produzione. Si noti che ci sono altri due rapporti vicini a 80/20:

- se si considerano le due cause principali (20%), la percentuale di ritardi è del 63%;

- se si considerano i quattro problemi maggiori (40%), la percentuale di ritardi è dell'80%.

**Qual è il rapporto migliore?** È difficile rispondere a questa domanda. Tuttavia, è chiaro che il rapporto intermedio tra il 30% dei fattori che causano il 72% dei ritardi è il più vicino al principio di Pareto.

Purtroppo, questo non risolve tutti i problemi:

- In primo luogo, rimangono molti fattori problematici da regolare, ma scegliere di concentrarsi sul primo rapporto (due questioni principali) ci permetterebbe di focalizzarci su una minoranza di cause che provocano il massimo numero di conseguenze, che è proprio l'obiettivo del principio di Pareto;

- Secondariamente, se il direttore dello stabilimento vuole risolvere il maggior numero possibile di problemi, ha tutte le ragioni per concentrarsi sul terzo rapporto, correggendo il 40% delle cause che provocano l'80% dei ritardi nella linea di produzione.

## CONCLUSIONE

Nel nostro caso fittizio, abbiamo osservato una linea di produzione colpita da ritardi significativi e ricorrenti. Questo esempio, pur essendo di fantasia, può essere facilmente adattato a tutte le aree di un'azienda (produzione, macchinari, dipendenti, clienti, ecc.). Identificando i problemi più importanti, un'impresa può trovare soluzioni per minimizzare gli sforzi e massimizzare i risultati.

Con l'aiuto del principio di Pareto e del modello ABC, le aziende possono pensare in modo diverso e concentrarsi sui problemi più importanti, mantenendo il controllo del proprio core business. Partendo dal presupposto che "il tempo è denaro", possiamo facilmente immaginare che ogni imprenditore e ogni persona coinvolta in una società possa ottimizzare i processi esistenti per rimanere competitiva. Lo stesso vale per alcuni individui ai quali si applica il principio di Pareto.

# SINTESI

- Il principio di Pareto è uno strumento universale che dimostra che il 20% delle cause porta all'80% degli effetti. Identificando queste cause, un'organizzazione può facilmente controllare gli effetti più importanti.

- Le applicazioni di questo principio sono molteplici. Non riguardano solo le aziende che puntano alla produttività o alle relazioni con i clienti, ma anche molti ambiti della vita quotidiana, come la gestione della casa.

- Un'applicazione concreta del principio di Pareto è la gestione dei clienti di un'impresa. In un'azienda tradizionale, il 20% dei clienti genera solitamente l'80% delle vendite. Identificando questi clienti, la società può concentrarsi su di loro per migliorare la redditività.

- Il modello ABC è legato al principio di Pareto. Lo migliora prendendo in considerazione le categorie intermedie, che generano anch'esse effetti. Queste categorie sono meno importanti, ma vale comunque la pena considerarle.

- La teoria della coda lunga è un concetto complementare al principio di Pareto, soprattutto per quanto riguarda le vendite online. Il rapporto 80/20 è verificato e un'azienda che riesce a ridurre i costi, in particolare tramite Internet, può permettersi di non concentrarsi solo sul 20% più importante, ma su tutta la merce, anche quella che si vende meno.

- Infine, la legge di Pareto può essere facilmente messa in pratica con tabelle e grafici. Questi forniscono una visione completa del problema e ne identificano gli effetti. L'azienda, l'organizzazione o semplicemente la famiglia in questione possono quindi concentrarsi sull'adozione di misure per migliorare l'efficienza e la redditività.

# ULTERIORI LETTURE

## BIBLIOGRAFIA

Anderson, C. (2006) *The Long Tail: Why the Future of Business Is Selling Less of More*. New York: Hyperion.

BetterExplained. (2007) *Capire il principio di Pareto (la regola dell'80/20)*. [Online]. [Consultato il 22 maggio 2014]. Disponibile da: < http://betterexplained.com/articles/understanding-the-pareto-principle-the-8020-rule/>

Cotter, J. J. (1995) *La soluzione del 20%*. Hoboken: John Wiley & Sons.

Coyne, S. (2012) Il principio di Pareto incontra la coda lunga. *Steven Pressfield Online*. [Online]. [Consultato il 22 maggio 2014]. Disponibile da: < http://www.stevenpressfield.com/2012/11/the-pareto-principle-meets-the-long-tail/>

Dufour, L. (No date) Efficacité du dirigeant : qu'est-ce que la loi de Pareto? *Le Blog du Dirigeant*. [Online]. [Consultato il 22 maggio 2014]. Disponibile da: < http://leblogdudirigeant.com/efficacite-du-dirigeant-quest-ce-que-la-loi-de-pareto/>

Juran, J. M. (1951) *Manuale di controllo della qualità*. New York: McGraw-Hill.

Koch, R. (1998) *Il principio 80/20*. Londra: Nicholas Brealey Publishing.

Le Site des Profs de Vente et de Commerce. (Senza data) *Le tecniche e le strategie di prospezione*. [Online]. [Consultato il 22 maggio 2014]. Disponibile da: < http://www.lescour-

sdevente.fr/bacvente/Prospection/Des%20outils%20
de%20segmentation%20des%20clients-prospects,%20
Pareto,%20ABC,%20RFM.pdf>

Montanaro, L. (2012) Il potere del principio di Pareto (o regola dell'80/20). *Lisa Montanaro.* [Online]. [Consultato il 22 maggio 2014]. Disponibile da: < http://www.lisamontanaro.com/2012/03/16/the-power-of-the-pareto-principle-aka-the-8020-rule/>

Reh, J. F. (2016) Principio di Pareto – La regola dell'80-20. *the balance.* [Online]. [Consultato il 22 maggio 2014]. Disponibile da: < https://www.thebalance.com/pareto-s-principle-the-80-20-rule-2275148>

Villemin, G. (Senza data) Loi de Pareto", in Nombres – Curiosités, théories et usages. [Online]. [Consultato il 22 maggio 2014]. Disponibile da: < http://villemin.gerard.free.fr/aSocial/Pareto.htm>

## FONTI AGGIUNTIVE

Hale, A. (Senza data) Il problema del principio di Pareto. *Formazione sullo sviluppo personale.* [Online]. [Consultato il 22 maggio 2014]. Disponibile da: < http://sidsavara.com/personal-productivity/the-problem-with-the-pareto-principle>

Marshall, P. (2013) *80/20 Sales and Marketing.* Irvine: Entrepreneur Press.

Vogliamo conoscere la vostra opinione!
Lasciate un commento sulla vostra biblioteca online
e condividete i vostri libri preferiti sui social media!

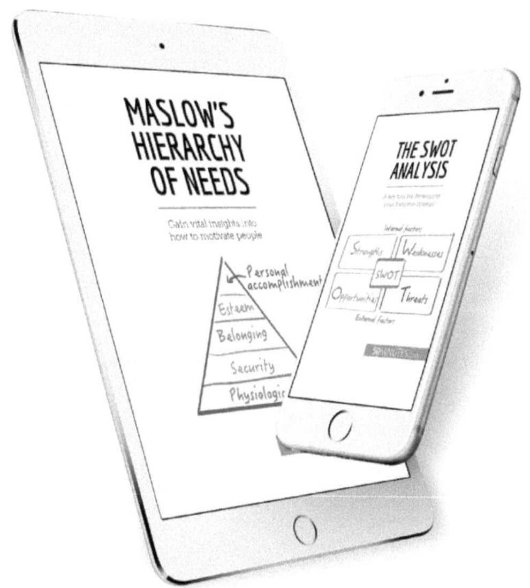


**IMPROVE YOUR GENERAL KNOWLEDGE**
IN THE BLINK OF AN EYE!

www.50minutes.com

Master ISBN: 9782808064750
ISBN cartaceo: 9782808065047
Deposito legale: D/2022/12603/91

Design digitale: Primento,
il partner digitale degli editori.